Si Daudet m'était chanté

par Guy Bonnet

Un voyage merveilleux dans l'univers d'Alphonse Daudet,
Au pays des calèches et des moulins à vent.
Un grand classique de notre patrimoine revisité en musique et en chansons.

CONTES DU MIDI POUR ENFANTS SAGES

la Massane
Les Joncades Basses
13210 Saint-Remy-de-Provence
www.editions-equinoxe.com
ISBN 978-2-84135-770-3
ISSN 1272-4424

Si Daudet m'était chanté

par Guy Bonnet

Les Lettres de mon Moulin en chansons,
d'après l'œuvre d'Alphonse Daudet

Illustrations de François Lesourt dit Chanton

ÉQUINOXE

SOMMAIRE

Monsieur Daudet 8

Installation au moulin 11

Le sous-préfet aux champs 12

Le secret de maître Cornille 14

Le curé de Cucugnan 16

Les étoiles 20

La chèvre de monsieur Seguin 23

La mule du pape 27

Les trois messes basses 31

La diligence de Beaucaire 34

La mort du dauphin 35

L'élixir du révérend père Gaucher 37

Monsieur Daudet

Monsieur Daudet

Monsieur Daudet, fatigué, un jour a quitté Paris
Déjà plein de fureur et de bruit,
À la recherche d'un peu de son enfance perdue
Qu'il croyait à jamais disparue.
Lui, *le Petit Chose*, le proscrit, le déraciné,
Ne savait pas qu'il trouverait
Tous ces trésors devant son moulin,
Qui l'attendaient, cachés dans la sarriette et le thym,
Comme des réponses à son destin...

Dans *les Lettres de mon moulin*
Il y a notre vie de bonheur, de chagrin,
Mais si bien racontée
Qu'on croirait « pour de vrai »
Que toutes ces histoires
Sont vraiment un jour arrivées.

Dans *les Lettres de mon moulin*,
De *la Mule du pape* à *Monsieur Seguin*,
Du *Sous-Préfet aux champs* au *Curé de Cucugnan*,
C'est toute la Provence.
De son exubérance
On comprend
Toutes les nuances
Dans son accent
Qui danse... qui danse !...

Finies les diligences entre Nîmes et Beaucaire,
Les moulins, les meuniers, les meunières.
Qu'importe, après tout, Monsieur Daudet,
Grâce à vous nos défauts sont devenus des qualités.
C'est votre message d'éternité...

Dans *les Lettres de mon moulin*
Il y a notre vie de bonheur, de chagrin,
Mais si bien racontée
Qu'on croirait « pour de vrai »
Que toutes ces histoires
Sont vraiment, un jour, arrivées...

Dans *les Lettres de mon moulin*,
De *la Mule du pape* à *Monsieur Seguin*,
Du *Sous-Préfet aux champs* au *Curé de Cucugnan*,
C'est toute la Provence,
Son esprit qui chante et qui danse...

Dans *les Lettres de mon moulin*
Votre dernier cadeau restait à découvrir.
C'était quelques chansons laissées là pour l'avenir
Devant votre moulin
Nous les avons trouvées.
Monsieur Daudet,
On vous remercie bien

Des *Lettres de mon moulin*...

Installation au moulin

Par-devant maître Honorat Grapazi, notaire à la résidence de Pampérigouste,
A comparu
- le sieur Gaspard Mitifio, époux de Vivette Cornille, ménager au lieudit des Cigalières et y demeurant :
- Lequel par ces présentes a vendu et transporté sous les garanties de droit et de fait, et en franchise de toutes dettes, privilèges et hypothèques,
- Au Sieur Alphonse Daudet, poète, demeurant à Paris, à ce présent et ce acceptant,
- Un moulin à vent et à farine, sis dans la vallée du Rhône, en plein cœur de Provence, sur une côte boisée de pins et de chênes verts, étant ledit moulin abandonné depuis plus de vingt années et hors d'état de moudre, comme il appert des vignes sauvages, mousses, romarins et autres verdures parasites qui lui grimpent jusqu'au bout des ailes.

Ce sont les lapins qui ont été étonnés !
Depuis si longtemps que la porte était fermée
Ils avaient fini par croire
Que la race des meuniers
N'était qu'une vieille histoire,
Et ils s'étaient installés.

Il y en avait bien, la nuit de mon arrivée,
Plus d'une vingtaine accroupis à se chauffer
Les pattes au rayon de lune...
En ouvrant la lucarne
Je mets soudain en moins d'une
Leur bivouac en alarme.

Installation au moulin.
Installation au moulin...

J'espère malgré tout que mes lapins reviendront,
Et quant au hibou, ma maison est sa maison.
Qu'il conserve son étage
Et continue son sommeil ;
Je vous écris cette page
Ma porte ouverte au soleil...

Installation au moulin.
Installation au moulin...

- Ce nonobstant, tel qu'il est et se comporte avec sa grande roue cassée, sa plate-forme où l'herbe pousse dans les briques, déclare le sieur Daudet trouver ledit moulin à sa convenance et pouvant servir à ses travaux de poésie, l'accepte à ses risques et périls, et sans aucun recours contre le vendeur, pour cause de réparations qui pourraient y être faites.
- Acte fait à Pampérigouste, en l'étude Honorat, en présence de Francet Mamaï, joueur de fifre, et de Louiset dit le Quique, porte-croix des pénitents blancs ;
- Qui ont signé avec les parties et le notaire après lecture...

Le sous-préfet aux champs

« Messieurs et Chers administrés... »

Comme il fait chaud dans cette calèche !
L'air est en feu, la route sèche.
Le sous-préfet s'éponge la tête
Tout en lorgnant sur sa serviette,
Sur sa serviette en chagrin gaufré.
Il est inquiet, vraiment très inquiet,
Car il doit faire à la Combe-aux-Fées
Un beau discours de sous-préfet !

« Messieurs et Chers administrés... »

Soudain, au pied d'un bouquet de vigne
Un bois de chêne lui fait un p'tit signe.
Il dit : « Cocher, stoppez la calèche ! »
Et court bien vite vers l'herbe fraîche.
Joyeux, il sort de sa serviette
Du papier ministre et répète,
À voix haute, le crayon levé :
« Messieurs et Chers administrés... »

« Messieurs et Chers administrés... »

Remue-ménage dans le petit bois !
Les fleurs et les oiseaux en émoi.
Chacun s'en vient de près observer
L'habit d'argent de ce sous-préfet.
C'est vrai, ma foi, qu'il est sympathique !
Que de parfums et de musique !
Le voilà bientôt tout chaviré.
Comme il soupire, le sous-préfet !

« Messieurs et Chers administrés... »

Au bout d'une heure, très très inquiets
Ses serviteurs se sont décidés
Dans le p'tit bois enfin à entrer.
Ce qu'ils ont vu les a consternés.
L'habit froissé et tout de travers,
Tout débraillé, allongé par terre
En discussion avec un pic-vert,
Le sous-préfet faisait des vers...

« Messieurs et Chers administrés
De la Combe-aux-Fées,
En ce beau jour du mois de juillet
Laissez-moi vous exprimer
Mes plus belles pensées...
Dans un petit bois je m'étais arrêté,
L'air était doux, il faisait frais,
Et toutes les fleurs embaumaient... !

CHANTON

Le secret de maître Cornille

Tout fait son temps, tout doit passer.
Ainsi les moulins des meuniers,
Quand la vapeur fut inventée,
On les détruisit sans délai !

Pourtant un moulin continuait
À la barbe des minotiers.
Sans qu'on lui porte un grain de blé
Ses ailes tournaient sans arrêt !

Personne ne pouvait entrer
Dans le moulin toujours fermé.
Cornille tout seul y vivait.
On le disait un peu sorcier !

Car souvent on le rencontrait
Le soir qui courait les sentiers
Suivi de son âne chargé
De grands sacs de farine de blé.

Quel est le secret du dernier moulin,
Le moulin de maître Cornille
Qui tourne et tourne soir et matin,
Quel est le secret du moulin ?

Et quand les gens le questionnaient :
« Mais d'où vient tout ce grain,
meunier ? »
Il répondait : « C'est un secret,
Moi, je travaille pour l'étranger... »
Si forte fut la curiosité
Qu'un jour qu'il s'était absenté
En laissant l'échelle appuyée
Quelqu'un réussit à entrer !

Dedans, pas un seul grain de blé,
Rien que des toiles d'araignées !
Et dans un coin des sacs crevés
De terre blanche et de gravier... !

Voilà le secret du dernier moulin !
Le moulin de maître Cornille
Qui tourne et qui tourne soir et
matin,
Voilà le secret du moulin...

« Hélas, je suis déshonoré ! »
Disait en pleurant le meunier.
Quand soudain il vit arriver
Tout le village qui criait :

« Du moulin, du moulin, ohé !
Veux-tu encore de notre blé ? »
Cornille enfin souriait.
« Merci, mes enfants, je savais
Qu'un jour vous me reviendriez ! »

Et voilà l'histoire du dernier moulin,
Le moulin de maître Cornille
Qui tourna dès lors sans plus s'arrêter
Et jusqu'à la mort du brave meunier !

Et voilà l'histoire du dernier moulin
Telle qu'on la raconte à Fontvieille
Où l'on voit encore ses ailes dressées,
Du dernier moulin voilà le secret...

CHANTON

Le curé de Cucugnan

Mes frères, écoutez un instant.
Moi, le curé de Cucugnan,
Je me suis trouvé, l'autre nuit,
Devant l'entrée du Paradis !
Quand saint Pierre m'a ouvert,
Il m'a dit : « Mon cher frère,
Vous êtes chez vous ! »
Aussitôt j'expliquai :
« De mes Cucugnanais
En avez-vous ? »

Il me répondit : « Cucugnan !
Hélas, mon fils, mon livre est blanc !
Pas plus de Cucugnanais
Que d'arêtes dans un poulet ! »
Je m'exclamai : « Par saint Benoît ! »
Saint Pierre aussitôt me calma.
« Vos ouailles sont en purgatoire,
Et si vous voulez aller voir,
C'est ce portail d'argent.
Ne vous tournez pas les sangs ! »

Je courus le long d'un sentier.
Arrivé au portail, j'appelle.
Un ange m'ouvre et m'interpelle :
« Mais, que nous voulez-vous, curé ? »
« C'est moi, l'abbé Martin,
Serviteur du Seigneur
À Cucugnan.

CHANTON

CHANTON

Dites-moi, s'il vous plaît,
Si mes Cucugnanais
Sont tous là-dedans. »

Il me répondit : « Cucugnan ?
Pas une âme, mon livre est blanc !
Pas plus de Cucugnanais
Que de pattes à un brochet ! »
Je bégayai : « Par la Madone !
Je viens du Paradis, personne
Ici non plus...Ah, misère !
Est-ce qu'ils seraient tous en enfer ?... »
Voulant m'en assurer,
Je repris le sentier.

Il était tout pavé de braises.
Je chancelais, je trébuchais,
Suant tant le feu me brûlait !

Arrivé devant la fournaise,
Là, c'était par brassées
Qu'on jetait les damnés
Sur les tisons.
M'approchant du brasier
J'entendis ricaner
Un noir démon !

« Ne sais-tu pas, curé maudit,
Que tout Cucugnan est ici !
Regarde, au milieu des flammes,
Le boulanger avec sa femme... ! »
Je défaillis. « Par saint Joseph ! »
Je voyais la Catherine, cette peste,
Qu'on retrouvait chaque matin
Couchée toute nue dans les foins !
Et puis Pascal ! Zette ! Vincent !
Babette ! Dauphine ! André ! Clément !...

« Mes frères, voilà ce que je vis !
Tout cela ne peut plus durer,
Et moi j'ai vos âmes à sauver !
Confessionnal pour tous !
Et, dès demain lundi, les vieux !
Mardi, les enfants !
Mercredi, les garçons et les filles !
Jeudi, les hommes !
Les femmes, vendredi !
Samedi, le meunier...
Si un jour y suffit ! »

Les étoiles

Lorsque j'étais berger, sans voir âme qui vive
Je passais plusieurs mois seul sur le Luberon,
N'ayant pour tout contact tout au long de l'estive
Qu'un brave muletier montant mes provisions.

Et il me racontait les dernières nouvelles,
Les noces et les baptêmes, et, sans en avoir l'air,
Je posais des questions sur notre demoiselle,
La fille de nos maîtres, qui m'était si chère.

Or un dimanche matin à l'heure habituelle,
Pas de bruit de clochettes et pas de muletier,
Ce n'est que vers le soir, comme un ange du ciel,
Que notre demoiselle surgit sur le sentier.

Si belle, endimanchée dans sa robe en dentelles
Comme une fiancée s'apprêtant pour le bal,
Elle ressemblait un peu à la fée Estérelle
Qu'a chantée dans ses vers le poète Mistral...

Je l'avais devant moi !
La vie était belle.
Là, devant moi,
Ma demoiselle...

Elle avait remplacé le muletier malade.
« Je crois que je me suis un peu perdue en route ! »
Dit-elle en souriant. « Mais quelle promenade ! »
Elle riait de moi au fond d'elle sans doute.

Elle voulut voir le parc et ma crèche de paille,
Ma cape et mon fusil, l'endroit où je dormais.
Mais au soleil couchant il fallut qu'elle s'en aille.
« Adieu, berger, adieu ! » Elle reprit ses paniers.

Mais, vers le soir, à l'heure où je rentrais mes bêtes,
Les vêtements mouillés, presque morte de froid,
Le visage apeuré, je la vis apparaître.
Un orage l'avait surprise un peu plus bas.

Elle était revenue !
Béni soit le ciel
Qui m'avait rendu
Ma demoiselle !

Effrayée par les bruits qui couraient la montagne,
Elle préféra rester assise auprès du feu,
Se serrant contre moi, au moindre cri, cocagne,
Des bergers provençaux j'étais le plus heureux !

La nuit était criblée par des milliers d'étoiles.
« Sais-tu leur nom, berger ? » « Oui, maîtresse, tenez :
Voici la voie lactée, qui semble comme un voile,
Et notre étoile à nous, l'étoile du berger...

« Voici Jean de Milan, les rois, le char des âmes... »
Je parlais, je montrais, puis je sentis soudain
Quelque chose de chaud, de doux, comme une flamme
Posée sur mon épaule, rubis sur son écrin.

Je l'avais contre moi,
Douceur des dentelles,
Tout contre moi,
Ma demoiselle...

Autour de nous les étoiles continuaient leur marche silencieuse, dociles comme un grand troupeau.
Et, par moments, je me figurais
Qu'une de ces étoiles, la plus fine, la plus brillante, ayant perdu sa route, était venue se poser sur mon épaule pour dormir...

Lorsque j'étais berger, sans voir âme qui vive
Je passais plusieurs mois seul sur le Luberon,
N'ayant pour tout contact tout au long de l'estive
Qu'un brave muletier montant mes provisions.

CHANTON

La chèvre de monsieur Seguin

Avec ses sabots vernis
Et ses longs poils blancs et fins,
Ah ! comme elle était jolie
La chèvre de monsieur Seguin !
Avec ses cornes zébrées,
Sa barbiche de sous-officier,
Ah ! comme elle était jolie,
Comme elle aimait la liberté...

Avec ses chèvres, monsieur Seguin n'avait jamais eu de bonheur.
Elles cassaient leur corde un matin, puis s'enfuyaient vers les hauteurs.
Pourtant, quand il perdit la sixième, il ne se découragea pas.
Il en prit vite une septième, plus jeune celle-là.

Derrière chez lui, monsieur Seguin, dans un pré bordé d'aubépine,
L'attacha avec grand soin. La corde était longue, l'herbe fine.
Il était vraiment sûr, le brave homme, qu'ici elle ne s'ennuierait pas !
Hélas, que le Bon Dieu lui pardonne, Blanquette s'ennuya !

« Que je me languis, monsieur Seguin, je voudrais tant aller là-haut. »
« Dans la montagne ? Blanquette, enfin, le loup te mangerait bientôt ! »
« Je lui donnerai des coups de cornes ! » « Non, coquine, pas cette fois !
Je vais t'enfermer dans une étable ! » Hélas, elle se sauva !

Toute la montagne, monsieur Seguin, l'accueillit avec amitié.
Elle courait, broutait, et sautait comme dix chèvres en liberté,
Ivre d'air pur, de fleurs et de bonheur. Très vite la journée passa.
La nuit arriva de très bonne heure... « Tiens, dit-elle, déjà ? »

Déjà, dans l'ombre, monsieur Seguin, le loup se léchait les babines.
« Je résisterai jusqu'à demain », se dit-elle, et, en héroïne,
En pensant à la vieille Renaude, elle lutta si vaillamment
Qu'elle ne s'abandonna qu'à l'aube, sa robe tachée de sang...

Si jamais tu viens en Provence, on te parlera sûrement
de la chèvre de monsieur Seguin qui se battit toute la nuit
avec le loup,
et puis, le matin, le loup la mangea...
Et puis, le matin, le loup la mangea...

Avec ses sabots vernis
Et ses longs poils blancs et fins,
Ah ! comme elle était jolie
La chèvre de monsieur Seguin !
Avec ses cornes zébrées,
Sa barbiche de sous-officier,
Elle préféra mourir libre
Que de vivre attachée...

Elle préféra mourir libre
Que de vivre attaché...

CHANTON

CHANTON

La mule du pape

Du temps du pape Boniface en Avignon,
Ce n'était que gaîté, farandoles et chansons.
Le pape aimait le vin, la paix et, plus que tout,
Sa mule... Ah ! celle-là, le pape en était fou...

Il la bichonnait tant que leTistet Védène,
Un jeune galopin, y vit source d'intrigue.
« Quel trésor, quel bijou, votre mule, une reine ! »
Le bon pape pensa « Quel garçon sympathique ! ».

Tistet entra en grâce, le bon pape crédule
Pour le récompenser le chargea de sa mule,
Devant lui l'hypocrite la couvrait de caresses,
Mais le pape parti, il lui bottait les fesses !

Aïe ! Aïe ! Aïe ! Pauvre mule !
Aïe ! Les sabots lui démangeaient !
« Aïe ! Aïe ! Les fers me brûlent !
Attends, Tistet, un jour, je me vengerai ! »

Ne s'avisa-t-il pas, hélas à coups de pied,
Ce vilain garnement, de la faire monter
Tout en haut du clocher ? Songez à sa terreur,
Tant la mule tremblait et trépignait de peur !

Le pape entend : « Tistet ! ma mule ! miséricorde !
Comment est-elle montée toute seule, la démente ! »
Il fallut la descendre à l'aide d'une corde.
Tout Avignon riait, quelle affaire humiliante !

Aïe ! Aïe ! Aïe ! Pauvre mule !
Aïe ! Les sabots lui démangeaient !
« Aïe ! Aïe ! Les fers me brûlent !
Attends, Tistet, un jour, je me vengerai ! »

Hélas, le lendemain, l'intrigant prend la mer.
Il part en Italie, messager du Saint-Père.
La mule se désole et pense au coup de pied.
« Je te le garde, vaï, tu l'auras, c'est juré ! »

Tistet parti, elle reprit sa vie sereine.
Caresses, petits soins, promenades et gâteaux,
Mais quand on prononçait le nom « Tistet Védène »,
Sur le pavé la bête aiguisait ses sabots...

Aïe ! Aïe ! Aïe ! Pauvre mule !
Aïe ! Les sabots lui démangeaient !
« Aïe ! Aïe ! Les fers me brûlent !
Attends, Tistet, un jour, je me vengerai ! »

Sept ans se passent ainsi, puis l'intrigant Tistet,
Ayant appris la mort du premier moutardier,
Revient briguer le poste, au pape sans tarder,
Il parle de la mule, il flatte, et c'est gagné !

Le pape est trop naïf, trop ignorant du mal,
Et dès le lendemain c'est la cérémonie.
Tistet est ordonné « grand moutardier papal » !
Tout Avignon est là, la mule est là aussi...

Quand il passa près d'elle, il lui flatta le dos.
Il ne se doutait pas de ce qu'elle mijotait :
Elle te lui décocha un tel coup de sabot
Que de Pampérigouste on en vit la fumée !

Aïe ! Aïe ! Aïe ! Sacrée mule !
Sept ans qu'elle le lui gardait !
Aïe ! Aïe ! Aïe ! Je le jure,
Un tourbillon de fumée, c'est tout ce qui en est resté !

Aïe ! Aïe ! Aïe ! On peut dire
Qu'une mule, c'est rancunier
Aïe ! Aïe ! Aïe ! Et, sans rire,
Ne le prenez pas mal,
Surtout quand l'animal
Est une mule... papale !...

CHANTON

CHANTON

Les trois messes basses

Garrigou : Deux dindes truffées
magnifiques croustillantes à souhait !

Balaguère : Tu les as vues ?

Garrigou : Des anguilles, des carpes,
des truites venues du vivier.

Balaguère : Nageant dans le jus ?

Garrigou : Des perdrix !

Balaguère : Des perdrix ? !

Garrigou : Bien farcies !

Balaguère : Ô Marie !

Garrigou : Des salmis !

Balaguère : Des salmis !

Garrigou : Des entrées !

Balaguère : Des entrées !

Garrigou : Des pâtés !

Villageois : *Domine* !

Balaguère : Vite, allons, pressons,
ma burette. Et le vin, dis-moi ?

Garrigou : C'est du meilleur !

Balaguère : Meilleur pour sûr que
la piquette que tu me sers là !

Garrigou : Et des liqueurs !

Balaguère : Élixirs ?

Garrigou : Élixirs !

Balaguère : Pour finir ?

Garrigou : Pour finir !

Balaguère : Des merveilles ?

Garrigou : Les plus vieilles !

Balaguère : Couleur d'or !

Garrigou : *Fiteor* !

Balaguère : Dis encore !

Villageois :
Qu'a-t-il ce soir pour qu'il nous presse ?

Pourquoi nous fait-il danser ?
Ce n'est que la première messe,
On n'est pas au cabaret !
Ça ne fait rien, qu'il se dépêche !
Au réveillon qui vient après
On ne peut s'empêcher de penser !

Garrigou : Regardez, Satan,
cette messe ! Vous avez vu ça !

Villageois : Allez, curé !

Garrigou : Les uns s'assoient, les autres se dressent.
Le beau résultat !

Villageois : Faut terminer !

Balaguère : *Oremus* !

Villageois : *Oremus* !

Balaguère : *Dominus* !

Villageois : Mais pas plus !

Balaguère : *Sanctus* !

Villageois : *Rasibus* !

Balaguère : Et voilà la deuxième !

Villageois : *Amen* !

Villageois :
Par l'enfer, mais qu'il se dépêche !
Pourquoi ces génuflexions ?
Abrégeons un peu la troisième,
Plus vite nous mangerons !
Il a fini, vite prenons place
À la table du banquet.
Vive Noël ! Curé, commencez !

Garrigou : Damnation, quel coup de fourchette a ce brave abbé !

Balaguère : Encore un peu !

Garrigou : Tout ça, c'est pas bon pour sa tête ni pour sa santé !

Balaguère : Oui, j'en reveux !

Garrigou : Il est mort !

Villageois : Il est mort !

Garrigou : Et bien mort...

Villageois : Sans remords ?

Garrigou : C'est pourquoi ?

Villageois : C'est pourquoi ?

Garrigou et Villageois :
Dans le ciel, le bon Dieu se fâcha !

Dieu : Ainsi donc, prêtre démoniaque,
Tu as voulu me voler
Ce soir d'une messe basse !
Eh bien, pour te châtier,
Tu m'en diras trois cents à la place,
En compagnie de tous ceux-là
Qui te suivront dans ta disgrâce !

La diligence de Beaucaire

La diligence de Beaucaire,
Les passagers sont du pays.
Ils se racontent leurs affaires,
On parle haut, on blague, on rit.

Le boulanger, l'esprit en verve,
Se moque un peu du rémouleur,
Un brave homme que tout le monde observe
Plein de sous-entendus rieurs.

« Vous connaissez les Parisiennes ? »
Me dit-il. « Mais le rémouleur,
Sa femme à lui, quelle paroissienne !
Un sacré pigeon voyageur ! »

Le rémouleur
« Tais-toi, boulanger, tais-toi, je t'en prie ! »

« Parole, chez nous, à Beaucaire,
Des comme elle, il n'y en a pas deux.
Pour l'amour, elle sait y faire,
À Paris, vous n'avez pas mieux.

Le citoyen n'est pas à plaindre.
Avec une femme comme celle-là,
Qu'il s'en lasse n'est pas à craindre,
On lui emprunte tous les mois !

Un jour, un marinier du Rhône,
Un officier, deux musiciens,
Et lui, bon prince, il lui pardonne
À chaque fois qu'elle revient ! »

Le rémouleur
« Tais-toi, boulanger, tais-toi, je t'en prie ! »

Arrivés au mas des Anglores,
Quand le boulanger nous quitta,
Quand s'éteignit son rire sonore
Restait le rémouleur et moi.

Ses mains tremblaient sur la banquette.
Il pleurait, mais quand mon tour vint
De descendre, il leva la tête,
Plantant son regard dans le mien.

Il me dit tremblant de colère :
« Vous, l'ami, regardez-moi bien.
S'il y a du malheur à Beaucaire,
Vous saurez qui est l'assassin !... »

Daudet
« Tais-toi, rémouleur, tais-toi, je t'en prie ! »

La diligence de Beaucaire,
Les passagers sont du pays.
Ils se racontent leurs affaires,
On parle haut, on blague, on rit !...

La mort du dauphin

Les rues de la ville sont tristes :
Les cloches ne sonnent plus.
Les femmes prient : « Dieu nous assiste !
Dieu nous accorde son salut ! »

Des chambellans, des majordomes
Montent sans fin l'escalier...
Du jeune page au gentilhomme
Chacun n'a plus qu'une pensée.

Le petit dauphin est malade,
Le petit dauphin va mourir !

Le palais résonne de plaintes,
Les mots se font suppliants.
Le fidèle alezan du prince,
Solitaire, hennit tristement.

Le roi rongé par la peine
Se terre sans dire un mot.
Sur le visage de la reine
Les pleurs sont devenus sanglots...

Le petit dauphin est malade,
Le petit dauphin va mourir !

« Non, ma très douce mère,
Pas de pleurs, je ne meurs pas.
Toutes les lois de la terre
Pour un prince ne comptent pas.
Ne comptent pas... »

L'aumônier lui parle à voix basse.
« Sois brave, la mort t'attend ! »
« Ne peut-on mourir à ma place ?
Qu'on donne à quelqu'un de l'argent ! »

« La loi du Seigneur est la même
Pour les gueux comme pour les rois... »
Le dauphin crie avec colère :
« Elle est pour eux, et non pour moi ! »

Le petit dauphin est malade,
Le petit dauphin va mourir !

Puis il cache ses joues
Pour sangloter dans ses draps.
« Ce n'était donc rien du tout
D'être dauphin ici-bas !
Ici-bas... »

Le petit dauphin est malade,
Le petit dauphin va mourir !

NORBERT
CHANTON

L'élixir du révérend père Gaucher

Soleil de Provence,
La joie, la santé,
Liqueur de jouvence,
Élixir du père Gaucher !

Il y a bien des années, nos braves pères blancs,
Les pauvres, étaient tombés en bien grande misère.
Plus un vitrail debout aux grands murs du couvent,
Plus de cloche au clocher, plus de paille aux litières !

Ils tenaient grand conseil, prêts à tout délaisser,
Quand le père Gaucher demanda à paraître.
Il leur dit : « Révérends, ma tante m'a laissé
En mourant le secret d'une liqueur parfaite ».

L'argentier l'applaudit, le prieur l'embrassa,
Et le père Gaucher mit au point sa recette.
L'élixir du couvent, à peine en quelques mois
De tous les fins gosiers sut faire la conquête !

Grâce à l'argent gagné, on releva la tour.
L'église eut ses vitraux, le clocher ses clochettes,
Car le père Gaucher distillait nuit et jour
Et les moines chantaient ses louanges parfaites...

Soleil de Provence,
La joie, la santé,
Liqueur de jouvence,
Élixir du père Gaucher !

Tout allait pour le mieux lorsqu'à la messe un soir
Il arrive en retard et d'étrange manière,
Capuchon de travers, rouge, essoufflé, hagard !
Trempant dans l'eau sacrée sa manche tout entière,

Faisant des révérences à l'orgue au lieu du chœur.
Les moines chuchotaient de bréviaire en bréviaire.
« Qu'a donc frère Gaucher ? » Quand celui-ci, malheur !
Se mit à entonner une drôle de prière :

Dans Paris, y' a un père blanc
Qui aime faire danser les moinettes,
Un père blanc, au fond d'un jardin,
Qui aime faire danser les... !

Clameurs ! Consternation ! Tous les moines qui crient !
On le croit possédé... On l'attrape... On l'entraîne...
Le lendemain, à jeun, repentant et marri,
Il demande pardon pour sa folie soudaine.

« C'est l'élixir, prieur, le diable m'y surprend,
Qu'il perde son bouquet, plus jamais je le goûte ! »
«Malheureux ! Continuez, songez à nos clients !
Nous vous protégerons de l'infernale foudre !... »

Alors, le cœur léger comme chant d'alouette,
Gaucher s'en retourna continuer son ouvrage.
Qui oserait prétendre qu'à l'heure des vêpres
Un drôle d'air vient troubler les prières des moines ?

Soleil de Provence,
La joie, la santé,
Liqueur de
jouvence,
Élixir du père
Gaucher !

Oremus, Domine...

Adieu Paris...	0'41
MONSIEUR DAUDET	**3'11**
Arrivée au moulin...	0'14
INSTALLATION AU MOULIN	**3'58**
Dans la calèche...	0'12
LE SOUS-PREFET AUX CHAMPS	**3'10**
Maître Cornille...	0'30
LE SECRET DE MAITRE CORNILLE	**3'27**
Dans l'église...	0'27
LE CURE DE CUCUGNAN	**3'30**
LES ETOILES	**4'22**
La nuit...	0'22
Monsieur Seguin...	0'22
LA CHEVRE DE MONSIEUR SEGUIN	**3'33**
Vive la mule !...	0'27
LA MULE DU PAPE	**3'17**
Dom Balaguère...	0'22
LES TROIS MESSES BASSES	**3'28**
Oh rémouleur !...	0'18
LA DILIGENCE DE BEAUCAIRE	**3'31**
Le petit Dauphin...	0'16
LA MORT DU DAUPHIN	**2'55**
Le Père Gaucher...	0'34
L'ELIXIR DU REVEREND PERE GAUCHER	**3'27**
Le retour de Monsieur Daudet à Paris...	2'13

Auteurs	Michel PIQUEMAL et Guy BONNET
Compositeur	Guy BONNET
Arrangements musicaux	Pierre BRIFFA & Guy BONNET
Ingénieurs du son	Bruno LEVEE & Jean-Paul MISSEY
Mixages	Bruno LEVEE
Enregistrements	Studio Bamboo - Avignon
Réalisation artistique	Guy BONNET
Production	Compagnie MIEJOUR

Avec la participation des enfants de la Maîtrise de l'Opéra-Théâtre d'Avignon

Merci pour leur amicale collaboration à...

Eric Breton, César Choisi, Jean-Baptiste Chaudoul, Reine et Bruno Eyrier, André Daick, Jean Franval, Rémy Ventura, Rémy Charmasson, Bernard Fieloux, Jean-François Guégano, René Chave, Lucien Lhamas, Gérard Thouret, Alain Lujan, Nicolas et Laurent Bonnet et André Chiron.

Avignonnais turbulent et réformiste, Guy Bonnet est l'un des auteurs compositeurs interprètes marquant de la musique provençale d'aujourd'hui, avec plus de 250 chansons à son actif, la création de nombreux spectacles et l'enregistrement de 14 CD.

Dans les entrailles des sacro-saintes traditions, il a mis des « sons » nouveaux, un sang neuf qu'il a transfusé sans jamais l'appauvrir, comme un nouveau battement de cœur.

La mise en musique, la « ré-écriture » du chef-d'œuvre d'Alphonse DAUDET en étroite collaboration avec Michel PIQUEMAL, brillant auteur, est si fidèle, qu'elle semble faite par DAUDET lui-même ! Les mêmes mots, les mêmes histoires... mais sous une autre forme...

...Une farandole de chansons qui nous entraînent irrésistiblement quel que soit notre âge. Car nous sommes et resterons éternellement... des enfants de DAUDET !

Chansons originales de Guy Bonnet et Michel Piquemal
d'après l'œuvre d'Alphonse Daudet

Achevé d'imprimer en mai 2011
sur les presses de l'imprimerie Grafiche Zanini, Bologne (Italie)